LES SOUVENIRS DE L'ANNÉE 1843

A BÉTHUNE

OU

LES TROIS ÉPOQUES

Par un Ancien Officier artésien et béthunois

RECUEILLIS PAR UN ARTÉSIEN OU ARRAGEOIS

DU RIETZ DE SAINT-SAUVEUR D'ARRAS

Archéologue-Paléographe

Membre de Sociétés savantes

SON PETIT-FILS

DESCENDANT D'ÉCHEVINS DU PAYS DE L'ALLEU

BÉTHUNE

IMPRIMERIE ET LIBRAIRIE A. DAVID

12, Rue du Pot-d'Étain, 12.

1902

LES SOUVENIRS DE L'ANNÉE 1843

A BÉTHUNE

OU

LES TROIS ÉPOQUES

PAR UN ANCIEN OFFICIER ARTÉSIEN ET BÉTHUNOIS

ex-Sous-Lieutenant aux Gardes d'Artois

AUTEUR DES CHANTS ARTÉSIENS INÉDITS :

L'on peut être heureux, mes amis ! et dans les combats auprès des belles!

ET GENDRE D'UN ANCIEN ÉCHEVIN DU PAYS DE L'ALLEU

D'après les manuscrits de l'Auteur, provenant
des Archives domestiques de l'ancien Château du Rietz de Serny-en-Artois
et y longtemps conservés

RECUEILLIS PAR UN ARTÉSIEN OU ARRAGEOIS

DU RIETZ DE SAINT-SAUVEUR D'ARRAS

Archéologue-Paléographe
Membre de Sociétés savantes

SON PETIT-FILS

descendant d'Échevins du pays de l'Alleu

BÉTHUNE

IMPRIMERIE ET LIBRAIRIE A. DAVID

12, Rue du Pot-d'Étain, 12.

1902

A LA MÉMOIRE VÉNÉRÉE

DU CHEVALIER COMTE

AUGUSTIN-LOUIS-JOSEPH

DU RIETZ D'ORIVAL DU RETZ

ou autrement

DU RIETZ DE WILLERVAL

Chevalier de l'Ordre Militaire du Lys de Navarre
ou de Notre-Dame de Navarre

Ancien sous-officier de la Compagnie de Chasseurs
de la Garde nationale de la Lys vers 1795,
puis officier artésien en l'Alleu,
Sous-lieutenant aux Gardes d'Artois
et Adjudant sous-officier de M. le Comte de Beaulaincourt
de Marles de Vaudricourt, colonel commandant
de Garde nationale au pays de l'Alleu,
canton de La Ventie, arrondissement de Béthune.

HOMMAGE DE RESPECTUEUX SOUVENIR

Le Petit-Fils de l'Auteur.

Le Rietz, à Arras (faubourg St-Sauveur), le 17 septembre 1902.

1er *Septembre* 1843.

La mort de sa faulx meurtrière
Vient de trancher l'heure dernière
De ma chère et bonne Clara !
Devant la divine lumière
Ma fille arrive la première,
Mon âme un jour la rejoindra !

Pour mettre un terme à ses misères
Le Ciel fut sourd à nos prières
Et près de lui la rappela
Nous qui restons dans la carrière,
Soit en avant, soit en arrière
Nous marchons de même au trépas !

Sans elle, en vain sur cette terre
Trouverais-je à me satisfaire,
Toujours mon cœur regrettera
Celle en tout temps qui pour me plaire
Fut pour moi l'Ange tutélaire
Qui de fleurs parsema mes pas !

Repose en paix fille chérie !
Aux amertumes de la vie
Bientôt la mort me soustraira,
Alors délivré de ses chaînes,
De ses faux biens et de ses peines,
J'irai, sans regrets, où tout va !

Octobre 1843.

Quand, accablé par la douleur,
Dans la peine et la souffrance
Je succombais sous le malheur
Et n'avais plus nulle espérance,
Du Ciel j'implorais le secours
Et ma fille apparut un jour
Pour encourager son vieux père.

Console-toi, me dit Clara,
Console-toi, sèche tes larmes !
Ne souffre plus de mon trépas
Je suis heureuse, plus d'alarmes.
Dieu seul fait bien tout ce qu'il fait !
J'étais souffrante sur la terre
Le Ciel était tout mon souhait
J'y suis, en attendant mon père !

Après ces mots, comme l'éclair
Ma fille à mes yeux disparue,
J'entendis un brillant concert
Qui ravissait mon âme émue !
Puis une voix avec douceur
Me dit : « Aux lois de la nature,
Mortels, soumettez votre cœur
Vous adoucirez sa blessure ! »

Novembre 1843.

Du haut des cieux, ô ma fille chérie !
Jette sur nous un bienveillant regard
Nous parcourons le chemin de la vie
Qui près de toi nous conduira plus tard.
Dans cette route arrosée de nos larmes
Où nous marchons ignorant l'avenir
Que de tourmens, de peines et d'alarmes
Pour un instant de joie et de plaisir !

Joie et plaisir, comme tourments et peines
Tout passe, hélas, avec rapidité,
Notre espérance et nos craintes sont vaines
Le temps présent se perd dans le passé.
Dans ce passé je revois ton image,
J'entends ta voix, j'accompagne tes pas,
Doux souvenirs ! avec toi je voyage
Brave l'hiver, la neige et les frimats.

Du pont de Gorre allant au pont d'Aylette,
A Hesdigneul, Beuvry, Chocques ou Nœux
Jadis pour moi c'était un jour de fête
De parcourir avec toi tous ces lieux !
Ce temps n'est plus ; maintenant solitaires,
Ces lieux charmants en déserts sont changés,
Qu'ils étaient beaux lorsque ma bonne Claire
Gaie et joyeuse était à mes côtés.

Résignons-nous, j'ai la douce espérance
De te revoir au séjour du bonheur !
Ce seul espoir tempère ma souffrance
Et satisfait tous les vœux de mon cœur !
En attendant je prierai pour ma fille
Qui répondant du fortuné séjour
Priera pour moi, priera pour la famille
Qui fut l'objet de son constant amour.

LA FAMILLE DU RIETZ

Les souvenirs de 1843 sont transcrits d'après des manuscrits du Ch' C" du Rietz du Retz (autrement dit parfois Duriez-Duretz), chevalier, comte et capitaine artésien, faisant partie des archives domestiques de la famille du Rietz d'Orival dite de Serny, qui se trouvaient au château de Serny en Artois durant la première période de la seconde partie du XIX° siècle [1].

Il en est de même des chants artésiens composés par le même auteur, M. Augustin-Louis-Joseph du Rietz, tant connus des anciens habitants du l'Alleu et des gardes nationaux de l'arrondissement de Béthune ou du canton de La Ventie durant une autre période de ce même siècle.

Il était issu d'aïeux ou d'ancêtres qui ont toujours fidèlement servi Dieu et la Patrie.

La poésie est belle. Il y a beaucoup d'esprit, d'imagination et d'entrain chevaleresque et même aussi d'enthousiasme patriotique. C'est un souvenir historique, parfois même héroïque, qui reste dans la vie d'un pays, ou les traditions d'une famille.

La famille du Rietz résidait en la seigneurie d'Orival en Tournaisis, diocèse de Tournay, dans la seconde partie du XVII° siècle. Henri du Rietz, 4ᵐᵉ aïeul paternel (ou père du trisaïeul) de M. du Rietz du Retz, alors censier tournaisien, occupait cette terre d'Orival vers 1680. M. du Rietz du Retz, ou pour mieux dire, sous la République, le citoyen Louis Duriez, sous-officier de la garde nationale estairoise, y était surnommé citoyen Cassius, capitaine Dorville, puis il fut appelé à Béthune citoyen Duriez-Duretz, après son mariage avec la citoyenne Duretz. Il y a eu jadis bien longtemps avant 1789 une branche ancienne de famille du Rietz à Orville en Artois, comme aussi à Willerval et à Serny, aussi en Artois et également longtemps avant 1789. M. Borel d'Hauteville, archiviste parisien, ancien conservateur bibliothécaire et conservateur honoraire à la bibliothèque de Sainte-Geneviève à Paris, auteur du *Monarque de la sagesse* et des *Sièges de Paris* ou d'autres ouvrages distingués, a écrit sur la famille du Rietz de Serny (ou

---

(1) Il y a eu des du Rietz (dits Duriez) à différentes époques.

du Rietz d'Orival de Serny) dans ses nombreuses généalogies des familles nobles de France du XIX° siècle et il aurait découvert ou trouvé dans des anciennes archives de la noblesse à Paris que les ancêtres des du Rietz d'Orival, dits de Serny, étaient descendants de la famille du Rietz de Willerval de Wailly, ou de Valhuon en Artois. On trouve cette tradition confirmée par le témoignage de l'auteur d'un ouvrage historique artésien paru vers 1890, M. Frans, historien d'Hénin-Liétard.

Il y a des registres anciens d'état-civil ou des registres paroissiaux très mal tenus et à moitié détruits comme on peut en donner des preuves. Mais cela n'ébranle pas et ne détruit nullement les vieilles traditions des familles plus ou moins déchues. Voici à cet égard le texte ou la copie littérale de la réponse du greffier instituteur communal de la commune de Willerval en 1870, à la demande d'un descendant des du Rietz d'Orival; M. du Rietz, propriétaire, domicilié au château de Serny en Artois, alors en tournée à Anzin (Nord) près Valenciennes.

Cette lettre mérite d'être reproduite ici comme un document très intéressant d'après le texte authentique conservé dans les archives domestiques de la famille dite de Serny :

Monsieur Du Rietz,   Willerval, le 20 mai 1870.

Nous avons à Willerval, comme vous le dites dans votre lettre en date du 14 courant, les actes de naissance, mariage et décès depuis 1662, mais tellement incomplets qu'il est impossible d'établir aucune filiation certaine. D'ailleurs l'acte dont vous parlez ne s'y trouve pas. Je crois qu'il y a eu juste à l'époque que vous indiquez un changement de prêtre et omission d'actes, ce qu'indique le registre que j'ai sous les yeux. Je regrette infiniment, monsieur, de ne pouvoir vous être utile et vous prie de croire à mon entier dévouement.

Signé : A. CAPIAUX.

Il s'agissait de rechercher un acte d'état-civil paroissial d'un du Rietz de Willerval. L'on n'a pu retrouver à Willerval l'acte de décès de Jérôme du Rietz, sieur de Frévillers, ancien gouverneur militaire de La Gorgue-lez-Estaires et au pays de l'Alleu, décédé seigneur de Willerval en 1676 et inhumé dans l'église de cette paroisse, où cette branche des du Rietz avait un caveau de famille et une chapelle seigneuriale.

Néanmoins, beaucoup de gentilshommes de la noblesse d'Artois ou de la Cour de France ont pu appeler M. du Rietz du Retz du nom du Rietz de Willerval ou du Rietz de Willerval du Retz, sans doute d'après d'anciennes pièces à preuves connues à l'appui. M. le comte de Beaulaincourt de Vaudricourt, M. le comte de Naulde de la Tourelle, M. le marquis de Baynast de Sept Fontaines, MM. les barons de Coupigny et de Bertoult d'Hulluch et d'autres, chevaliers des ordres de Saint-Louis de Malte ou de la Légion d'Honneur, l'ont tenu en grande estime ou considération et en grand honneur comme un gentilhomme issu de l'ancienne famille chevaleresque et seigneuriale du Riez, du temps de Charles Quint, en Artois, ou pour mieux dire comme un descendant d'antique noblesse militaire artésienne du XVIe siècle, dont une branche, connue à la Cour de France, était chevaleresque comtale de Willerval, surtout depuis la fin du XVIIe siècle jusque vers la seconde partie du siècle suivant, à Arras ou en Artois.

Il y a eu des gloires et des illustrations dans la famille des du Rietz. Pendant les guerres de Flandre et de Lorraine ou de Piémont, des du Rietz ont combattu sous les ordres de Boufflers et de Villars, comme plus tard, sous les ordres de La Fayette ou d'autres illustres capitaines français. Le sieur Pierre-Jacques du Rietz était lieutenant de Bailli ou lieutenant-Bailli en 1683, en la collégiale de Seclin, d'après un acte passé devant un notaire royal, tournaisien, maître Cornillot, résidant en Flandre Wallonne (Tournaisis). Il y est dit que le sieur du Rietz, comparant, agit au nom et pour Martin de le Pierre, bourgeois, demeurant à Lille, admodiateur (ou administrateur) des biens de la commanderie d'Haubourdin, de l'ordre de Notre-Dame du Mont-Carmel et de Saint-Lazare de Jérusalem, et fait mainlevée de saisie ès-mains de Jan de le Cour, demeurant à Carvin, occuppeur de la disme d'hostellerie, dépendant d'icelle commanderie. Le lieutenant-Bailli du Rietz était frère de Dame Marie-Thérèse du Rietz, mariée en 1655 à Messire Quintin Cornillot (ou Quentin de Cornillot) dit Maître Cornillot, greffier et receveur du chapitre de la Collégiale de Saint-Piat audit Seclin. Marie-Thérèse Cornillot (ou de Cornillot) leur fille, s'est mariée à Messire le chevalier Théodore François d'Hennin-Liétard d'Alsace, baron de Fosseux en Artois, seigneur au château dudit nom, dont plusieurs enfants, ce chevalier d'Hennin-Liétard, baron de Fosseux, est cité par d'Hozier dans l'Armorial de France (1696-1710) registre de Flandre, Lille n° 385 dudit registre. Mme Cornillot ou de Cornillot, née du Rietz, était marraine à l'église paroissiale de Seclin, en 1691, de sa petite fille, noble demoiselle Maria-Anna Judoca d'Hennin ou de Hennin-Liétard d'Alsace, fille de très haut et puissant seigneur, noble homme, Messire le chevalier d'Hennin-Liétard d'Alsace, baron de

Fosseux. Les petits-enfants de Mme de Cornillot du Rietz ont vécu à la Cour de France. Une famille du Rietz de Serny, fixée en la paroisse et seigneurie des comtes de Serny vers la fin du XVIII° siècle et le commencement du siècle suivant était composée de censiers ou fermiers, propriétaires audit pays, d'après des plans cadastraux datant de 1701 et des manuscrits des archives de l'ancien château de Serny et des chevaliers comtes de Ghistelles, anciens gouverneurs militaires d'Aire-sur-la-Lys en Artois. Il y avait vers cette époque la vefve (ou veuve) et hoirs (ou héritiers) du sieur ou seigneur du Rietz, résidant à Serny, inscrits comme propriétaires de plusieurs terres gisant audit Serny. En outre, Maître Pierre-Philippe Durietz (ou du Rietz), bailli à Erny Saint-Julien en Artois vers 1767 a dû comme magistrat et en qualité de voisin connaître parfaitement les seigneurs comtes châtelains de Serny ou les chevaliers comtes de Ghistelles, gouverneurs militaires d'Aire-sur-la-Lys et tous leurs hommes de fief ou seigneurie et censiers. Il y a lieu de mentionner aussi la branche des du Rietz d'Aire-sur-la-Lys au XVIII° siècle, ou du Rietz (dits Duriez) et notamment, Maître Nicolas du Rietz, vivant licentié ès loix, et conseiller au bailliage d'Aire-sur-la-Lys en Artois, décédé avant 1660, époux de Marguerite-Jeanne Vaillant (ou Le Vaillant, ou Marguerite Le Vaillant) et père de demoiselle Marie-Anne du Rietz, mariée en 1660 au sieur Jean-Jacques de Lencquesaing, seigneur de Laprée et d'autres lieux, mayeur ou maire de la ville d'Aire.

Florence-Aldégonde Werbier (ou de Werbier), née en 1670, issue de la famille des Werbier du Hamel, seigneurs du Hamel, fille de Maître Paul-Ignace Werbier (ou de Werbier), avocat, procureur des ville et bailliage d'Aire et de Marguerite-Jeanne du Rietz, s'est mariée en 1700 à Aire, paroisse Saint-Pierre, à Messire Jean de Gruson de Maincourt, seigneur de Maincourt, capitaine au régiment de Languedoc, puis commissaire d'artillerie à Béthune, où il était né en 1665, paroisse Saint-Vaast, et où il est décédé en 1725, paroisse Sainte-Croix.

Marie-Françoise-Josèphe du Rietz, née à Aire-sur-la-Lys en Artois en 1687, y décédée en 1716, épouse de M. Jean-Jacque Le Roy (ou Le Roy d'Americourt), avocat au Conseil d'Artois et lieutenant mayeur de la ville d'Aire, famille des Le Roy (dits Leroy), sieurs ou seigneurs d'Americourt, était fille de Guillaume-Ignace du Rietz et de Marie-Françoise Vaillant (ou Le

Vaillant (1). Enfin la famille du Rietz, dont des branches ou rameaux furent à Seclin, Houplin, Wattignies-lez-Lille, Estaires-sur-la-Lys, Lestrem en Artois ou au pays de l'Alleu, était alliée ou apparentée aux principaux notables des quatre paroisses, jadis appelées Fleurbaix la fleur, Ventie l'honneur, Gorgue jolie, Sailly fleuri, d'après le dicton célèbre, traditionnel, plusieurs fois séculaire.

Les chants artésiens, dont on extrait les deux suivants : *On peut être heureux, mes amis !* et *dans les combats auprès des belles !*, ont été très connus à Béthune, à La Ventie et dans le pays de l'Alleu ou au Locon, à La Gorgue et Lestrem, et dans les châteaux de Vaudricourt, de Marles, de La Buissière, d'Hulluch ou autres, notamment aussi dans celui de Serny. Plusieurs du Rietz, hommes d'armes ou censiers artésiens furent bourgeois d'Arras et ont été inscrits comme tels dans les XVe, XVIe et XVIIe ou XVIIIe siècles, d'après les anciens livres et registres de l'Echevinage ou de la mairie d'Arras (archives municipales d'Arras).

Donc, plusieurs lettres de gentilshommes de l'ancienne noblesse d'Artois ont été adressées dans la première partie du XIXe siècle à M. du Rietz du Retz, M. le comte ou le chevalier-comte du Rietz du Retz ou M. le comte ou le chevalier comte du Rietz de Willerval du Retz à Béthune, à la maison de M. Blanchon, sous le beffroi ou à la maison de M. Croisier, Grande-Place. (Place d'Armes ou Place de la Mairie) et rue du Rivage. Peu importe cela après tout.

Il y avait des du Rietz en Artois ou en Ostrevent dès le temps des Croisades, Eustache du Rietz, fils d'anciens chevaliers de ce nom, était seigneur châtelain au château-fort de Cantin, aux environs de Douai, dans les XIIIe et XIVe siècles, ou au pays de Gayant, sauveur de la ville de Douai. Il était neveu paternel de Simon du Rietz, gouverneur militaire du château-fort de L'Ecluse vers 1259,

---

(1) Un brillant officier, d'héroïque mémoire, Jean Durlez, était l'un des défenseurs de la place de la ville d'Aire-sur-la-Lys, en Artois, lors du fameux siège de 1641, resté célèbre. Avec huit vaillants compagnons d'armes, une poignée de héros il fit reculer les assiégeants, parmi lesquels était le grand Condé. Ce glorieux souvenir militaire est mentionné (page 85) dans les chroniques locales intitulées *Les sièges d'Aire*, par M. Léon Guillemin, publiciste à Aire, écrivain distingué et historien d'Aire, l'auteur des *Souvenirs historiques* de cette ville (1891).

Epigraphie d'Aire (page 120) : Jean Le Roy et Marie Durlez, 1737 et 1710 (Pierres tombales de l'église Saint-Pierre d'Aire, ancienne Chapelle de Notre-Dame Panetière aux XVIIe et XVIIIe siècles).

Mention en est faite dans les chroniques locales *Autour du Beffroi*, souvenirs du guet à Aire par M. Léon Guillemin (1900).

aux environs de Douai, Dury, Arleux du Nord et Vitry-en-Artois.

Il y a eu la branche de Philippe du Rietz dit Le Verd (ou du Rietz de Wailly), chevalier, capitaine, commandant Artésien, garde d'honneur ou garde du corps de l'Empereur Charles Quint au XVIe siècle, ou branche des hommes d'armes des Princes de Croy, duc d'Arschoot (en Artois) et la branche des du Rietz de Valhuon ou branche d'hommes d'armes des ordonnances de Charles Quint au XVIe siècle, c'est-à-dire en 1547, sous la charge de Hugues IV de Melun, Prince d'Epinoy, connétable héréditaire de Flandre, et Philippe du Rietz de Monchy, capitaine d'hommes d'armes du duc de Croy d'Arschot, et Grégoire-François du Rietz, docteur distingué de la Cour de Suède, résidant à Stockolm, né à Arras en 1607, venu en Suède en 1642, attaché au service de la reine Marie-Christine de Suède, reconnu baron du Rietz ou noble suédois en 1651, époux d'Esther Radoulx de Mortagne, descendante des Princes de Mortagne, vicomtes et châtelains de Tournay, et André ou Anders Rudolf du Rietz, nommé baron en 1778, vers la fin du XVIIIe siècle, puis la branche de famille des du Rietz de Seclin, composée de greffiers d'Echevinage, de procureurs des seigneurs châtelains de Gondecourt, de Wattignies ou d'autres paroisses des environs de Lille, de Libercourt ou de Carvin Epinoy et une branche d'anciens gardes seigneuriaux des comtes du Chastel de Blangerval d'Houplin et des princes de Montmorency, Luxembourg, de Robecq, Morbecq, d'Estaires, comtes d'Estaires, gouverneurs militaires de Flandre Wallonne au château d'Estaires.

M. du Rietz du Retz, ancien officier supérieur artésien au pays de l'Alleu, issu d'une branche de la famille du Rietz d'Orival et gendre d'un ancien échevin de ce pays, de notable famille artésienne, propriétaire-acquéreur d'une terre de madame Blondel, née Macquart de Caudecure, arrière-petite nièce de Jeanne d'Arc, était cousin issu germain paternel (ou petit neveu de l'aïeul paternel) de messire Louis-Joseph du Rietz d'Orival (dit maître Duriez), avocat au parlement de Flandre et jurisconsulte distingué à Douai avant 1789, allié à une noble famille du Présidial de Flandre et apparenté aux notables familles flamandes de Clercq, Bieswal, de Coussemacker, à celle du chevalier d'Hallewyn et des Masslet du Biest.

Le fils de M. du Rietz du Retz, qui fut professeur d'histoire et de belles lettres de l'Université de France dans divers collèges communaux artésiens et en d'autres du Nord, grenadier dans la garde nationale du Nord (6ᵉ compagnie, 2ᵉ bataillon de la légion de l'Escaut), en 1848, s'est marié à mademoiselle de Lusardi (dite Lusardy), dame du Vivier et du Pré de Brai à Vendegies au Bois près d'Englefontaine, et du Quesnoy (Nord) et de La Couture près de Douchy-lez-Denain, issue de famille chevaleresque comtale italienne, fille de M. de Lusardi de Roubay (ou autrement, M. de Lusardi du Vivier du Pré de Brai), dit Lusardy-Deroubay, petit-fils des chevaliers comtes de Lusardi, comtes italiens Parmesans, et plus tard comtes romains, anciens gardes nobles ou gardes d'honneur héréditaires et traditionnels des Papes, descendants de chevaliers guelfes et défenseurs ardents de la République italienne au moyen âge. M. de Lusardi était en outre, proche parent du chevalier comte Lusardi, célèbre docteur oculiste des Cours souveraines européennes avant 1848, chevalier de la Légion d'Honneur, de la Couronne de Fer, et de Saint-Ferdinand d'Espagne et d'autres ordres, attaché d'honneur et de service près des Princesses ou Duchesses de Parme et de leur Cour, notamment l'Impératrice Reine Marie-Louise, Archiduchesse d'Autriche, seconde épouse de Napoléon 1ᵉʳ, et la Princesse Louise d'Artois, petite fille de Charles X.

Cette famille italienne chevaleresque comtale Lusardi était alliée en Italie aux familles des comtes de Rossi et des comtes de Rosuldi bien longtemps avant 1789. Parmi les anciennes alliances de la notable maison de Lusardi, l'on peut mentionner celles contractées jadis avec la famille des comtes de Ferrari, de Granelli, de Curati, de la Brea, de Scotti, d'Atieri et de Spinola ou d'autres de noblesse romaine Pontificale et même Papale. *Giovanni Piétro Crescenzi*, historien italien, dans son ouvrage de la *Corona della Nobilta Italiana* (ou de la Couronne de la Noblesse italienne) en 1642, parle beaucoup des Platoni ou des Lusardi, et entre autres il y fait mention d'un Lusardi, fils du comte de Platoni, chevalier du pays de Plaisance et marquis du Val du Taro (*Lusardi figlio del Conte de Platoni, cavalier Piacentino e Marchese di Val di Taro*) et il ajoute : Il n'y eut pas dans les temps antiques aucun qui put être comparé dans le pays de Plaisance ou dans la Ligurie à la valeur, aux richesses et à la vertu guerrière des nobles Lusardi (*Non vi fu ai tempi antichi chi pareggiar potesse nel Piacentino anzi per la Liguria il valore la ricchezze e la virtù guerriera de nobili Lusardi*). Aucun pour les valoir. Aucun pour valoir la richesse et la vertu guerrière des nobles Lusardi. La famille des comtes de Lusarde, princes de Monte Arsiccio, ducs de La Rocca et de Borgotaro, marquis de la Valle, du Taro et de Specchio, comtes de Platoni, de Lusarde, de San Ambrogio, de Monte Liccio et de Bardi, seigneurs de Camponio, de Piombino, de Cazaletto, de Valdinoca et d'autres lieux, descendants des comtes du château Planoto et des comtes d'Angleria, compte plusieurs célébrités : le chevalier guelfe Jean Lusardi, vivant en 1258, Domenico Lusardi, connétable de la République de Gênes en 1300, le capitaine duc Jean-Baptiste Lusardi ou de Lusardi, dit Le Franc, qui fut Président de la République de Gênes vers 1413, général et amiral célèbre et législateur illustre, Francesco Lusardi, gouverneur de l'île de Corse en 1536 et des chevaliers, châtelains ou gouverneurs militaires de châteaux-forts italiens Parmesans. Cette famille a été, en outre, illustrée par un Cardinal, notable Prélat romain, Mgr Mathieu de Lusardi de Specchio (autrement dit Matteo di Lusardi), protonotaire apostolique, vicaire général d'Alexandrie et trésorier du Pape Adrien VI, sous Charles Quint, et par plusieurs gardes nobles ou gardes d'honneur au service des Papes, par des marquis et comtes de la noblesse romaine Pontificale au service du Saint-Siège apostolique et par des chevaliers Parmesans depuis le temps des guelfes et des gibelins. Les chevaliers et comtes Lusardi de Valdinoca étaient, paraît-il, alliés de très haute date aux ascendants de l'illustre maison italienne de Rossi, qui portait pour armes d'azur au lion d'argent.

D'ailleurs, Manfredo Lusardi, ou de Lusardi (de la Branche du château de Specchio), avait épousé Caterina de Rossi, dame de Vuistino, ou de Viustin, d'après des historiens et généalogistes d'Italie, notamment Crolla-Lanza.

Le Campi Doglio Veneto (Livre d'Or de Venise), rapportant à l'an 1176 l'origine des armes de la maison de Rossi, raconte qu'elles auraient été adoptées par un de ses ancêtres Sigefroy de Rossi, capitaine des Milanais, qui les portait sur sa bannière dans la lutte des villes Lombardes contre l'Empereur d'Allemagne Frédéric Barberousse. Il y avait dans les archives publiques dans la commune de Padova (Padoue), un ouvrage traitant des anciennes notables familles italiennes intitulé : *Empire Universel des familles nobles*, il contenait une notice historique sur Lusardi, on y trouve *Glorie di Vicenta* (Gloires de Vicence). A Plaisance furent les Runivagli, les Rossi, les Platoni, les Tedaldi et les

Lusardi qui sont tous d'une même famille et société ou issus de même race. En 1400, Giovanni Battista Lusardi était uni et allié à Orlando Fregoso, illustre personnage italien du temps. Les Ruvinagli, Rossi, Tedaldi et Lusardi, tous alliés, descendent comme les Platoni de très antiques comtes d'Angleria, et avaient seigneurie au château Platono dans le Val du Taro du pays de Plaisance.

Le château des Lusardi ou le château de Lusarde était situé, d'après l'historien italien Crescenzi, au sein des montagnes du Placentin. Marie-Louise Lusardi, fille du chevalier comte Cristoforo-Matteo Lusardi, docteur oculiste de la Cour de Parme et des Cours de l'Europe, était filleule de l'Impératrice Reine Marie-Louise, archiduchesse d'Autriche. Les Lusardi s'illustrèrent dans les guerres et les châteaux-forts, notamment à Nocète et à Bardi par des exploits chevaleresques d'après l'histoire de Plaisance par Boselli dès 1258 environ. La paix fut faite finalement par les habitants de Plaisance avec les seigneurs Lusardi (ou les châtelains sires de Lusarde), le comte Hubertin de Landi et les Gravaghesi.

L'un des frères du comte Lusardi, Antonio Lusardi de Cazaletto a été reçu en 1851 par madame la princesse Louise d'Artois, duchesse de Parme (sœur du duc de Bordeaux), en son palais de Plaisance. Cette duchesse, dont un des fils s'appelle comte de Bardi, du nom d'une ancienne propriété seigneuriale des comtes Lusardi reconnut et constata elle-même que la famille Lusardi était de très haute noblesse. Un autre des fils de Charles III s'appelait comte de Piombino, d'une autre propriété des Lusardi. La duchesse de Parme l'a dit en 1851 à l'abbé Adrien Lusardi, petit-neveu du comte, ancien curé-doyen de Montmirail (Sarthe), diocèse du Mans, quand elle voulait le retenir à son palais pour être son aumônier et le précepteur de ses enfants. Madame la comtesse du Rietz de Serny de Lusardi (ou du Rietz-Lusardi, autrement dite la comtesse Duriez-Lusardi, ou la citoyenne Duriez-Lusardy en 1848), épouse du comte de ce nom, était d'illustre famille du côté de sa mère. Elle était petite-nièce maternelle de l'abbé Charles-Joseph-Prosper de Roubay, aumônier militaire durant plus de 30 ans au régiment royal Bourbonnais, dénommé plus tard 13e régiment d'infanterie de la République Française, nièce maternelle de Ferdinand-Augustin Heupgen, volontaire d'un régiment suisse d'infanterie, de la noble compagnie hollandaise des Indes Orientales, époux de la fille de l'ancien Président du Conseil d'État du

Hainaut, petite-fille de Ferdinand-Alexandre de Heupgen, colonel autrichien, ancien chef de corps de l'armée de l'Empereur d'Autriche en Belgique, officier d'ordonnance attaché à la maison des ducs de Croy, petite-nièce de Nicolas de Heupgen, Landgrave, officier dans le régiment du duc de Lorraine, arrière-petite-fille de Arnold ou d'Arnould de Heupgen, officier d'ordonnance du baron de Reisheim en 1733, gouverneur militaire au château-fort de Saint-Ghislain, près Mons.

Elle était descendante de la famille de Baudour et proche parente de madame de Blois de Pommereuil, née Baudour, et de madame Coniart née de Blois, de madame de Baudour de Pommereuil, née Delplanc, nièce de Mgr Delplanck, évêque de Tournai, et de la famille de Louis Landelin de Baudour, architecte à Bruxelles et inspecteur des ouvrages d'art de la Cour, de l'Archiduchesse Marie-Christine d'Autriche, gouvernante des Pays-Bas et de la famille de M. de Gheugnies de Quiévy, avocat au Parlement de Flandre, grand bailli de Condé, receveur du duc de Croy, qui avait épousé mademoiselle Bouchelet de Calomez, dont un fils, le chevalier Philippe-Auguste de Gheugnies, a servi dans la compagnie des gardes wallonnes flamandes de sa Majesté catholique Charles III en Espagne.

Le 5me aïeul maternel de la comtesse du Rietz Luzardi était Sébastien de Baudour, officier de gardes wallonnes flamandes, garde d'honneur de Philippe IV, roi d'Espagne, en son palais de Madrid, avant 1650.

Une des filles de M. du Rietz du Retz, qui a possédé le domaine seigneurial des anciens comtes de Serny, en Artois, a quitté vers 1870 le château de Serny où elle résidait avec sa famille pour aller à Arras dans les ambulances ou hôpitaux militaires soigner et panser les glorieux soldats français blessés de l'héroïque général Faidherbe, commandant en chef de l'armée du Nord.

Les armoiries de la famille du Rietz (autrement dite, du Rietz d'Orival) peuvent être décrites ainsi : d'argent à trois arbres de de sinople posés deux et un sur terrasse de même, à une croix de gueules posée en chef au côté dextre de l'écu, et au chef d'azur à trois molettes d'éperon d'argent de six pointes chacune mises en fasce au-dessous d'une étoile d'or posée à l'angle dextre et sur le tout de gueules à trois maillets d'or posés deux et un. L'écusson héraldique des maillets des du Rietz se trouve mentionné dans plusieurs nobiliaires ou livres d'or, ou livres de noblesse et de chevalerie des Comtés de Flandre, d'Artois et de Picardie et notamment dans les armoriaux d'archivistes héraldistes parisiens ou provinciaux d'Hozier, Borel d'Hauterive, Gourdon de Genouillac, Godin, Roger, Rietstap, et La Gorgue-Rosny. Casque de chevalier surmonté d'une couronne de comte en souvenir des chevaliers du Rietz, anciens comtes ou commandants militaires et capitaines en Artois; supports : un lion et un lévrier; cris d'armes ou cris de guerre : A la grâce de Dieu ! Le Rietz! Le Verd ! Franc comme l'or ! ou A moy le Rietz ! A moi le Verd ! Fidélité ! Vaillance !

Devises : Pro Patriâ et Libertate et Justitiâ ! Pour la Patrie, la Liberté et la Justice ! ou pour Dieu et la Patrie ! ou encore Honor et Virtus ! Honneur et Vertu ! Honneur et Courage !

Du Retz : D'azur à la fasce d'argent accompagnée de trois roues de même posées deux en chef et une en pointe. De Lusardi, (autrement de Lusarde) d'azur à une tour antique de château-fort d'argent chargée d'un soleil de gueules, et posée sur une terrasse de sinople, au chef d'or à un aigle bicéphale de sable, becqué et armé de gueules, couronné d'argent et portant sceptre et main de justice de même. On trouve parfois une fasce bandée d'argent et de gueules placée sur l'écusson héraldique au-dessus de la tour et au-dessous de l'aigle bicéphale. On décrit aussi : D'azur à une tour antique d'argent, chargée d'un soleil de gueules et surmontée de deux aiglettes d'or, au chef d'or, à l'aigle éployée et couronnée de sable, tenant dans la patte dextre une épée d'argent emmanchée d'or et dans la senestre un sceptre d'or, couronne de marquis, casque de chevalier. Devise : Lux semper ardens (Lumière toujours ardente).

DEUX CHANTS ARTÉSIENS

ON PEUT ÊTRE HEUREUX

On peut être heureux, mes amis,
Partout étant ensemble ;
Mais tous les biens sont réunis
Au lieu qui nous rassemble.
Chez de Beaulaincourt
Avec l'humeur affable
Douce liberté, aimable gaieté
Tous les plaisirs à table !

Descendant de nos anciens preux,
La gloire de la France
Il a su combattre pour eux
Aux champs de la Vaillance.
Nous suivrons ses pas
Et dans les combats
Comme lui redoutables
Ou nous périrons, ou nous reviendrons
Chanter victoire à table !

Amis, de ce jour solennel
Conservons la mémoire
A la santé du Colonel
A Madame il faut boire !
Buvons et chantons, chantons et buvons
Rien n'est plus agréable,
Aimons Beaulaincourt,
Qu'il aime à son tour
Nous revoir à sa table.

DANS LES COMBATS

Dans les combats, auprès des belles,
Sachons comme nos anciens preux
Fléchir les beautés trop cruelles,
Et vaincre les plus courageux.
A Mars, au dieu de la Tendresse,
Consacrons nos cœurs pour jamais
Aimons et combattons sans cesse
Montrons que nous sommes Français.

Chantons, dansons, courons aux armes
Faisons du Devoir un plaisir,
Au milieu même des alarmes,
Sachons encor nous divertir !
Que la jeune et tendre Bergère
Que l'ennemi serre de près
Prouve que pour combattre et plaire
Il n'est rien d'égal aux Français !

Gaîment volons tous à la gloire,
Défendons notre antique honneur !
Qui disputerait la Victoire
A notre intrépide valeur !
Oublions toutes nos querelles
Et toujours unis désormais,
A notre droit soyons fidèles,
Prouvons que nous sommes Français.

Quittant la sanglante bannière
Du dieu terrible des hasards,
Nous parcourrerons la carrière
De la Science, des Beaux-Arts.
L'amour sacré de la Patrie
Va lui rendre tous ses attraits,
Notre gloire n'est pas flétrie,
Elle suit partout les Français.

NOTES HISTORIQUES ET GÉNÉALOGIQUES

Nicolaus du Rietz (ou Nicolas du Rietz), demeurant à Seclin au commencement du XVII° siècle a eu pour enfants d'après les registres paroissiaux (ou d'état-civil) : 1° Robertus du Rietz, né en 1619, ou Robert du Riez (mentionné filleul de Robertus Crétal ou Crestal et d'Honorate du Rasnel) ; 2° Michael du Rietz, né en 1621, ou Michel du Rietz (filleul de Maître Nathalis d'Orchies et de Martina du Rietz), puis Joanna du Rietz, née en 1621, ou Jeanne du Rietz (filleule de Joannes d'Aulie et de Joanna de Le Rue), et enfin Henruis ou Henricus du Riez, né en 1637, censier tournaisien et notable de Seclin et d'Houplin-lez-Seclin (alors diocèse de Tournai ou en Tournaisis), mentionné censier ou fermier vers 1580, et avant ou après cette date, d'après des actes et contrats passés pardevant Maître Philippe-Adrien du Rietz (ou du Rietz), notaire royal et greffier de l'Echevinage à Seclin, frère de Maître Mathias du Riez (ou du Rietz), procureur de Messire de Hangouwart, comte d'Avelin, seigneur de Seclin, et de Maître André du Riez (ou Andrœas du Rietz), chapelain à la collégiale de St-Piat, audit Seclin, et possesseur pacifique, bénéficier ou propriétaire des portions de chapelles St-Pierre, St-Paul et St-Maure, ou St-Jean-Baptiste, ou de la Vicairye de St-Maure, fondée en ladite collégiale, vers la fin du XVII° siècle, et secrétaire du chapitre en 1682. Nicolaus du Riez (ou du Rietz), qui devait être frère d'Henricus ou d'Henri, est né en 1630 en ladite paroisse de Seclin.

Nicolaus du Rietz s'est marié en 1682 à Wattignies près Lille avec Isabella Cormorant, d'après les registres paroissiaux d'étatcivil de cette commune. L'un des témoins était Hubertus Beauventre. La famille Cormorant, notable de Wattignies, aurait porté pour armoiries, d'azur à un cormoran d'argent. Une branche de ce nom, avait, paraît-il, pour emblème héraldique, de sinople au cormoran d'or, c'est-à-dire des armes parlantes assez anciennes. De même, la famille des de Faucomprez, anciens notables de Seclin, devait porter des armoiries aussi parlantes, qui étaient : de sinople au faucon d'argent, et plutôt parfois, d'or à un faucon de gueules, d'après l'héraldique d'Hozier, sous Louis XIV, par la famille lilloise Faucomprez, et notamment Messire Martin Faucomprez, bourgeois de la ville de Lille (armorial de France, registre de Flandre, 1696-1710).

Une descendante de cette famille, Maria de Faucomprez (autrement dite plus justement ou exactement, Marie Faucomprez ou de Faucomprez) a épousé, paraît-il, à Seclin, vers 1653, Michel du Rietz (autrement dit Michael du Riez), frère de Robert, de Nicolas et d'Henri du Rietz (ou du Riez), Marc-Antoine Cormorant, marguillier à Wattignies en 1680 et 1681, a fait reddition de comptes à noble seigneur Messire Michel de Kessel, chevalier, seigneur de Wattignies. Gabriel de Kessel s'était distingué dans le commandement d'une compagnie d'hommes d'armes de l'empereur Charles Quint. Michel de Kessel obtint des lettres de chevalerie en 1661. C'est pour la famille de Kessel que la terre de Wattignies près Lille fut érigée en comté vers la fin du XVIIe siècle. La famille de Beauventre était jadis notable de Seclin. Henri du Rietz avait épousé en premières noces Jeanne Beauventre (ou de Beauventre) dont il eut deux fils, André et Hubert du Rietz. Ernoul ou Ernaut Beauventre était échevin de Seclin en 1569. Henri Beauventre, osté de Martinsart, échevinage dudit Seclin, d'après les archives municipales ou communales de cette ville, est mentionné comme personnage de qualité ou homme distingué, ayant joué un rôle éminent dans le pays, sans doute aussi vers la fin du XVIe siècle. Nicolas de Beauventre, labourier à Seclin, fils de deffunct Pierre de Beauventre et de Jenne Castelain s'est marié par contrat à Arras en 1638 pardevant Maîtres Deslyons et Benoist, notaires d'Artois audit Arras, avec Marguerite de Ligne, fille de défunts Jean de Ligne et Jenne Brunel, demeurant à Vimy. Nicolas de Beauventre était frère de Maître Baltazart de Beauventre, vivant prestre (prêtre) à Lille, y demeurant et alors décédé. Il était assisté de Jan de Beauventre, laboureur, demeurant à Le Warde (ou Lewarde près Douai) et Arnould de Beauventre aussi laboureur, demeurant à Martinsart, paroisse de Seclin, tous deux ses frères. Il avait deux sœurs Catherine et Anne de Beauventre, mariées l'une à Louys Desmons, demeurant à Ennetières, paroisse d'Avelin, et l'autre à Jacques Souverain à Seclin.

Marguerite de Ligne, épouse de Nicolas de Beauventre, était assistée de Martin de Ligne, son grand-père, marchand en la paroisse de Vimy en Artois, de Laurent de Ligne, sergeant à Verge de l'échevinage d'Arras, son oncle paternel, et d'Augustin de Ligne, labourier audit Vimy, aussi son oncle paternel, de

Maître Augustin Brunel, notaire royal et procureur au Conseil d'Artois, son oncle maternel, de Victor Bétrémieux, laboureur, demeurant audit Vimy, veuf ducelle de Jenne Brunel, son beau-père, de Louys Bétrémieux, frère de son beau-père, prevost maréchal d'Artois, et de Maître Jan Delabroie (ou De la Broie), prêtre pasteur curé dudit Vimy ou autres ses amis et bienveillants. André du Rietz (dit du Riez), fils d'Henri du Rietz et de Jeanne de Beauventre s'est marié vers la fin du XVIIe siècle à Sancta du Tillieul ou du Thilleul (autrement dite Sainte du Tillieul ou du Tillœul d'Hallennes et parfois par erreur du Tillieux), d'une famille notable de Seclin et des environs de cette ville. Sainte du Tilleul (ou du Thilleul) était sœur d'Arnould, marchand à Lille vers 1718. Leur oncle ou grand-oncle aurait été, dit-on, à ce qu'il paraît, vénérable homme Messire Gilles du Thilleul, chanoine de l'église-cathédrale de Tournay et official de Mgr Michel Desne (ou d'Esne), évêque de Tournai en 1609, mentionné dans une lettre épiscopale de ce Prélat en ladite année, donnée à Seclin, alors diocèse de Tournay, et concernant l'inventaire de la châsse des reliques de St-Piat, patron dudit Seclin, d'après l'histoire de Tournai, écrite en 1619 par Maître Jean Cousin, tournaisien, licencié en théologie et chanoine de l'église-cathédrale de Tournay, première édition de son ouvrage, conservé de temps immémorial dans la famille des aïeux ou ancêtres des du Rietz d'Orival (plus tard dits Duriez de L'Orival) depuis le XVIIe siècle, premier livre des chroniques et annales de l'évêché de Tournay, l'an MDCXIX, avec privilège de leurs Altézes Serenissimes et dédié à Monseigneur Messire Charles de Lalaing (ou de Lallaing), comte d'Hoochstraten, Hornes, Rennebourgh et autres lieux, baron de Leuze, Achicourt, Pecques, Haynes et autres lieux, du Conseil de guerre de sa Majesté, gentilhomme de la Chambre de son Altesse serenissime, gouverneur de Tournai et à messieurs les prévôts jurés, mayeurs et échevins, faisant les consaulx (ou conseils) de la ville et cité de Tournay. La famille du Tilleul, en Tournaisis (ou autrement, du Thilleul), portait anciennement pour armoiries ou emblème héraldique : d'or au tilleul de sinople, accorté de deux molettes d'éperon d'azur de cinq pointes de même. Son nom a toujours été très honorablement connu à Seclin et à Houplin. Cette famille figure avec la description de son blason dans un armorial général ou universel, publié par un savant héraldiste, flamand ou hollandais, M. J.-Bte Rietstap à Amsterdam en 1875. Elle y est mentionnée parmi les maisons nobles et patriciennes de l'Europe.

Enfin, André-Louis du Rietz, fils d'André du Rietz et de Sainte du Tilleul (ou du Thilleul), a épousé à Estaires en 1721 Marie-Josèphe Van Uxeem (ou Van Uxem), dont il eut plusieurs enfants. Louis-Joseph, né à Estaires vers 1749, fils de Jean-Louis, était petit-fils paternel d'André-Louis du Rietz et de Marie-Josèphe Van Uxem. Il était filleul de M. Fauconnier (ou Faulconnier), notable bourgeois d'Estaires et de Marie-Magdelaine du Rietz. Il s'est marié en 1775 et son second fils, qui fut officier estairois, puis artésien et béthunois, natif de la paroisse d'Estaires en 1777, qui a sauvé sa ville natale de l'anarchie avec des amis et compatriotes, ses concitoyens, notables de la cité, hommes de foi, d'ordre et de cœur, ou de courage, et a délivré la cité d'Estaires des fureurs démagogiques et sociales, a épousé sous la République Française, en 1802, une des filles d'un échevin du Lalleu, nièce d'un ancien seigneur du Pont du Hem ou de La Ventie en Artois.

TABLE DES MATIÈRES

DES SOUVENIRS DE L'ANNÉE 1843 A BÉTHUNE OU DES « TROIS ÉPOQUES »

1. 1ᵉʳ Septembre 1843. — (Décès de ma fille, Clara-Hortense-Eulalie). Devant la Divine Lumière, ma fille arrive la première 3
2. Octobre 1843. — Quand, accablé par la douleur, je succombais sous le malheur. 4
3. Novembre 1843. — Du haut des Cieux, ô ma fille chérie, jette sur nous un bienveillant regard. 5
4. Les souvenirs de la famille du Rietz et les branches de Saint-Sauveur d'Arras, de Wailly-lez-Arras, du Valhuon, de Willerval, de Seclin, de Serny, d'Aire-sur-la-Lys et des environs de Lille et de Béthune. 6
5. Deux chants artésiens. — *L'on peut être heureux, mes amis, partout étant ensemble! et dans les combats, auprès des belles!* 17
6. Notes historiques et généalogiques concernant les aïeux ou ancêtres de la famille du Rietz d'Orival (plus tard dite Duriez de L'Orival), et leurs alliances distinguées ou notables. 19

Béthune. — Imp. A. DAVID, rue du Pot-d'Etain, 12.

www.ingramcontent.com/pod-product-compliance
Lightning Source LLC
Chambersburg PA
CBHW062000070426
42451CB00012BA/2274